D1574599

Erfolgreich wirtschaften
aus christlicher Perspektive

George Augustin

Impressum

Erfolgreich Wirtschaften aus christlicher Perspektive

von George Augustin

Ausgabe vom 1. April 2016

Adlerstein Verlag

ISBN: 978-3-945462-15-7

<u>Hinführung</u>

Ist die Kirche ein Gegner der Reichen und der Wirtschaft? Oft fühlen wohlhabende Menschen sich von der Kirche wegen ihres Besitzes angegriffen und ausgeschlossen. Oft entsteht der Eindruck, dass die Kirche die Reichen nur kritisiert, wenn sie von ihrer bevorzugten Option für die Armen redet. Oft erweckt dies bei den Wohlhabenden den Eindruck: „Die Kirche will nur unser Geld, aber ansonsten hat sie nicht viel für uns übrig." Solche Wahrnehmungen werden von kirchlicher Seite verstärkt durch manche ideologieverhaftete Predigten, Reden und Stellungnahmen. Oft werden anständige Wirtschaftsleistungen und soziales Engagement vieler Unternehmerpersönlichkeiten von kirchlichen Repräsentanten nicht anerkannt und geschätzt. Oft werden die Wirtschaftsleute verdächtigt, dass sie irgendwie in der Gemeinheit und Niederträchtigkeit leben oder skrupellose und gierige Egoisten sind.

Solche Einstellungen sind in der Bevölkerung weit verbreitet, oft jedoch verbunden mit wenig Sachkenntnis von der Komplexität des heutigen Wirtschaftssystems. Wenn man die Sorgen und Sachzwänge der Unternehmer nicht wirklich kennt, sollte man nicht leichtfertig über sie urteilen. Dass es wirtschaftskritische Aussagen in der Kirche gibt, bedeutet nicht, dass die Kirche als Ganze wirtschaftsfeindlich ist. Das Anliegen der Kirche ist es vielmehr, zu klären, was ein gutes und lebensdienliches Wirtschaften ist und welche Aspekte der Wirtschaft lebensfeindlich und ausbeuterisch sind. Die Kirche hat in den letzten Jahrzehnten eine ausgeglichene und umfangreiche Soziallehre entwickelt, welche die Grundlage für eine ganzheitliche und nachhaltige wirtschaftliche Entwicklung zum Wohle des Menschen bietet.[1]

Deshalb gilt es, dass sich alle Beteiligten um die objektive Darstellung dieser Soziallehre bemühen und Wirtschaftsfragen aus dieser Perspektive beleuchten. Es besteht immer die Gefahr der Anfälligkeit für Ideologien. Die Erfahrung eines ungerechten und ausbeuterischen Wirtschaftssystems kann eine ablehnende Haltung zur Wirtschaft als Ganzem verursachen.

Die Geschichte zeigt jedoch, dass die scheinbaren Alternativen – besonders die Ideologien des Sozialismus und des Kommunismus – letztlich in noch größere Ungerechtigkeit und Unterdrückung führen.

Um zu einer grundlegenden christlichen und kirchlichen Haltung zur Wirtschaft zu kommen, müssen wir die fundamentale Botschaft des Christentums kennen. Die Botschaft des christlichen Glaubens ist universal und allen Menschen zugedacht. Deshalb kann die Kirche keinen Menschen von ihrer Botschaft ausschließen. Der Horizont des kirchlichen Redens ist die Beziehung zwischen Gott und den Menschen.
Nach dem christlichen Glauben gibt es nur einen Gott, der Schöpfer aller Menschen ist. Weil Gott Einer ist und er Vater aller Menschen ist, bildet die Menschheit eine große Familie Gottes, in der Menschen miteinander in Beziehung stehen und untereinander verbunden sind.

Die Kirche muss von ihrem Selbstverständnis her die ganze Menschheitsfamilie im Blick haben und zum Wohl der ganzen Menschheit handeln.

Kirche als Gemeinschaft der Gläubigen, die die Botschaft Jesu Christi als Grundlage ihres Lebens und Handelns nimmt, lebt in sehr unterschiedlichen kulturellen und politischen Kontexten. Sie steht in der Spannung einer Ungleichzeitigkeit der politischen, wirtschaftlichen und sozialen Entwicklung der globalisierten Welt. Diese unterschiedlichen und vielfältigen Lebensbedingungen in der Welt sind die Orte des christlichen Handelns. Kirche als Trägerin der Botschaft Jesu Christi will alle Menschen guten Willens erreichen und alle motivieren, den Maßstab dieser Botschaft zur Grundlage ihres Lebens zu machen und im Geiste dieser Botschaft zu handeln.

Es ist an der Zeit, dass wir als Kirche aus der Mitte des Glaubens unser Verhältnis zu Wirtschaft und Unternehmertum vorurteilsfrei definieren und die Soziallehre der Kirche in der Perspektive der globalen wirtschaftlichen Zwänge auslegen, damit alle Menschen an der wirtschaftlichen Entwicklung teilhaben können.

Man muss zugeben, dass es den Kirchen in unternehmerischen Kontexten nicht immer gelungen ist, dieses Anliegen positiv zu kommunizieren.

Ihr bleibendes und eigentliches Anliegen ist es, daran zu erinnern, dass alle Menschen verpflichtet sind, zur Entwicklung eines guten und nachhaltigen Wirtschaftssystems beizutragen. Das Wirtschaftssystem ist gut und lebensdienlich, wenn der Mensch im Zentrum steht und niemand von der Teilhabe an den Gütern des Lebens materieller wie nicht materieller Art ausgeschlossen ist. Der wirtschaftliche Fortschritt muss zur ganzheitlichen Entwicklung der Menschen und der Menschenwürde beitragen. Wenn die Wirtschaft im Dienst der Menschen steht, ist sie grundsätzlich gut.

Mahatma Gandhi, der große Sozialpolitiker und Vater der indischen Nation, hat einmal Folgendes als die sieben Totsünden der Menschheit bezeichnet:

Reichtum ohne Arbeit

Genuss ohne Gewissen

Wissen ohne Charakter

Geschäft ohne Moral

Wissenschaft ohne Menschlichkeit

Religion ohne Opfer

Politik ohne Prinzipien

Diese Einstellungen können wir weltweit und in allen sozialen und gesellschaftlichen Schichten finden. Überall in den Bereichen Ethik, Moral und Werte erleben wir, unabhängig von Religion, Kultur und wirtschaftlicher Entwicklung, eine sehr ambivalente Situation. Deshalb gilt es zu fragen: Wie können wir diese sozialen Sünden im wirtschaftlichen Handeln unter globalen Bedingungen überwinden?

Wie können wir das wirtschaftliche Leben anständig und aufrichtig gestalten, damit alle Menschen eigenverantwortlich für sich selbst, ihre Familie und das Gemeinwohl sorgen und am gesellschaftliche Leben teilhaben können? Bei dieser Frage geht es grundsätzlich darum: Wie können Religion, Kultur und Staat die Grundvoraussetzungen schaffen, damit das Wirtschaften für alle Beteiligten lebensfördernd und lebensdienlich ist?

1. Gegenwärtige Herausforderungen

Im Verhalten der Menschen beobachten wir einen Widerspruch. Die Menschen erwarten von Institutionen wie Kirchen, Unternehmen und Staaten hohe ethische Maßstäbe und Standards. Aber das Verhalten des einzelnen Individuums wird oftmals als Privatsache angesehen, die individuelle Freiheit wird betont und die persönliche Verantwortung bagatellisiert. Das bedeutet, im persönlichen Bereich leben viele Menschen nach dem Motto: „Anything goes".

Für mein Leben setze ich selbst den Maßstab, von anderen aber, vor allem von Kirchen, Unternehmen und Politikern, erwarte ich hohe ethische Maßstäbe.

In dieser widersprüchlichen Situation kommt unvermeidlich die Frage auf: Wie können wir von den Institutionen jene hohen ethischen Standards erwarten, wenn wir als konkret handelnde Menschen in unserem persönlichen Leben und Verhalten diese Werte vernachlässigen?[2] Diese ambivalenten Verhaltensweisen und Spannungen erleben wir zurzeit in der Diskussion über Leitbilder in Institutionen und Unternehmen.

Gelten solche Leitbilder nur für Institution und Unternehmer als solche oder gelten sie für alle Beteiligten? Wie können wir einen von allen getragenen Konsens in der Praxis finden? Wie können wir ein solches Leitbild im Alltag ohne ein entsprechendes Berufsethos aller Beteiligten verwirklichen?

In den letzten Jahren durfte ich einige Unternehmer, vor allem Familienunternehmer, kennenlernen, die versuchen, im Angesicht der Realität des harten wirtschaftlichen Alltags ethische Werte und ein hohes Berufsethos zu leben. Es ist völlig klar, dass heute von Führungskräften in Wirtschaft, Verwaltung und Politik viel erwartet wird. Um eine erfolgreiche und glückliche Unternehmenspersönlichkeit oder eine Führungskraft zu sein, braucht man neben Intelligenz, analytischen Fähigkeiten, Entscheidungskraft und Durchsetzungswillen, einen über Branchenkenntnis und Fachkompetenz hinausgehenden Blick auf die Gesamtzusammenhänge, ein Verständnis für die Gesamtwirklichkeit, ein Gespür für Sinnfragen, die im Menschen tief verwurzelt sind, und gut reflektierte ethische Überzeugungen.

Gerade diese ethische Kompetenz brauchen wir im Hinblick auf Persönlichkeit und Charakter. Wer führen will, muss nicht nur strategisch denken, sondern auch vorleben, was er von anderen verlangt.

Hier findet die Goldene Regel ihre Anwendung: „Was du nicht willst, das man dir tu', das füg' auch keinem anderen zu." Diese Regel finden wir in allen humanistischen und religiösen Traditionen der Welt.

Die Goldene Regel der Gegenseitigkeit fordert wechselseitige Verantwortlichkeit, Solidarität, Fairness, Toleranz und Achtung von allen Beteiligten ein. Solche Haltungen oder Tugenden sind Grundsätze einer funktionierenden Gesellschaft und Basis erfolgreichen wirtschaftlichen Handelns.

Es ist eine grundsätzliche menschliche Erfahrung: Für ein glückliches Leben brauchen wir mehr als nur materielle Erfolge. Wir brauchen soziale Anerkennung sowie gesellschaftliche und persönliche Wertschätzung, die es uns erlauben, mit Zuversicht, Selbstvertrauen und vor allem mit einer inneren Gelassenheit erfolgreich handeln zu können.

Es ist dieses ‚Mehr' im Leben, das das Leben lebenswert macht, das wir aber zugleich nicht ‚machen' können. Tugenden, ethische Haltungen und Wertvorstellungen wollen aber einen Weg zu einem guten und gelingenden Leben weisen und zur Erfüllung dieser bei allen Menschen vorhandenen Sehnsucht verhelfen. Nun gilt es zu fragen: Wie können wir uns solche ethischen Haltungen und Wertvorstellungen persönlich aneignen? Was bietet der jüdisch-christliche Glaube, der die abendländische Kultur grundlegend geprägt hat, für ein Ethos des glücklichen Lebens und Handelns?[3]

Die Diskussion über ethische Leitbilder in vielen Unternehmen zeigt den Bedarf und die große Bereitschaft der Wirtschaft, die ethischen Fragen des Wirtschaftens mit Offenheit und Wohlwollen in den wirtschaftlichen Prozess aufzunehmen und sie im wirtschaftlichen Handeln zu integrieren und umzusetzen. Aber dieses Leitbild braucht auch ein Fundament, das es sich selbst nicht geben kann. Es braucht Inspirationen und Voraussetzungen, die Glaube und Religion bereitstellen.

Denn Glaube und Religion haben im Laufe der Menschheitsgeschichte Lebensweisheit, Wertevorstellungen und positive innere Haltungen entwickelt, die solche Leitbilddiskussionen inspirieren und prägen können.

Es ist von zentraler Bedeutung, dass die Kirche Prozesse wie die Leitbilddiskussionen mit positiver Wertschätzung begleitet und dazu beiträgt, dass eine humane Unternehmenskultur überall zunehmend Raum gewinnt. Eine erfolgreiche und lebensdienliche Unternehmenskultur kann sich nur entwickeln, wenn wir Menschen dafür gewinnen, die auf persönlicher, interpersoneller und institutioneller Ebene ethisch geprägte Leitbilder im Unternehmensalltag leben und umsetzen. Selbstverständlich verlangt solche Entwicklung die Bereitschaft aller am Wirtschaftsleben Beteiligten.

Für das wirtschaftliche Leben ist die Charakterbildung des Menschen von zentraler Bedeutung. Freilich hängt der Charakter nicht davon ab, ob man reich oder arm ist, ob man Arbeitnehmer oder Arbeitgeber ist.

Weder ist der Arme charakterlich automatisch gut, noch der Reiche automatisch schlecht. Aber ein guter Charakter, der aufrichtig und gebildet ist, hat eine vorbildliche Funktion im Wirtschaftsleben. Es geht um Anstand und Aufrichtigkeit in der Wirtschaft.

Nur Menschen guten Charakters können untereinander vertrauensvoll und vertrauenswürdig handeln. Was kann der Glaube zu dieser Charakterbildung beitragen?

2. Grundfragen des Lebens

Der christliche Glaube geht von der allgemeinen Erfahrung aus: Als Gemeinschaftswesen ist sich der Mensch bewusst, dass Gelingen und Wohlergehen des eigenen Lebens grundsätzlich davon abhängen, ob auch das Leben der Mitmenschen gelingt.

Damit das Zusammenleben und Zusammenwirken der Menschen überhaupt gelingen kann, brauchen wir gute, von allen akzeptierte Handlungsmaßstäbe. Was ist der Maßstab eigenen Handelns oder Tuns? Welche Grundentscheidung oder Grundoption führt uns zu einem authentischen, sinnerfüllten Leben?

Welcher Lebensentwurf vom guten Leben und welche Lebensorientierung ermöglichen es dem Menschen, die in ihm angelegten Fähigkeiten am besten zu entfalten? Welche Lebenshaltung und welches Handeln führen zum Selbstsein und zur Selbstverwirklichung des Menschen?

Ein gelingendes gesellschaftliches Zusammenleben der Menschen bleibt damit einerseits angewiesen auf die moralische Motivation im Verhalten der Einzelnen, andererseits auf moralische Kriterien und Wertsysteme zur Legitimation der gesellschaftlichen Ordnung. In beiderlei Hinsicht bedarf es der ethischen Besinnung und Orientierung. Menschsein in der Welt verlangt von den Menschen ein ständiges Ringen um Orientierung und ständiges Fragen nach einem sinnvollen Leben.

Das Thema ethische Lebensführung geht nicht nur den einzelnen Menschen an, sondern auch die Allgemeinheit. Deshalb baut christliche Ethik auf dem menschlichen Wesen und seinen Anlagen zur Wahrheit und Gutheit auf und erhebt und transzendiert diese zugleich.
In der christlichen Lebensführung spielt dabei der Gottesgedanke die zentrale Rolle. Denn wo der Gottesgedanke lebendig ist, werden die Menschen lebensdienlich, lebensfördernd und ethisch gut handeln.
In der Frage nach Gott und dem Menschen haben wir es immer mit dem Geheimnis unserer Wirklichkeit zu tun. Woher kommen wir? Wohin gehen wir? Warum sind wir auf dieser Welt? Wer hat uns in Beziehung zum Nächsten, zu uns selbst und zur Welt gesetzt? Was bedeutet diese Grundfrage der Menschheit für unser Selbstverständnis?

Was oder wer ist der Mensch? Zeigen nicht diese Sinnfragen den Menschen in Beziehung zur unfassbaren Transzendenz? Als unendlich fragendes Wesen ist der Mensch offen für Gott. Nur in Gott findet der Mensch die erfüllende Antwort auf seine Fragen.

Die christliche Ethik baut auf dem allgemein Menschlichen auf. Das christliche Ethos ist von seiner inneren Logik her vernunftmäßig und deshalb universal kommunizierbar. Der christliche Glaube erhebt die Naturanlagen der Menschen zum ethischen Empfinden und die Fähigkeit zum moralisch guten Handeln auf die Ebene der Gnade Gottes. Die ethische Lebensführung der Glaubenden ist dabei in Gottes Leben und in sein Heilshandeln an ihnen einbezogen. Dadurch verändert sich der Charakter des Ethischen von Grund auf: Es ist nicht zuerst als Forderung an den Menschen zu verstehen, sondern als dessen Antwort auf Gottes zuvorkommende Liebe, nicht als Gehorsam gegenüber einem unpersönlichen Vernunftgesetz, sondern als Freundschaft des Menschen mit dem unendlichen Gott, nicht als Liebe zur Idee des Guten, sondern als Liebe zu Gott und zu den Menschen.

Das unterscheidende Profil christlichen Lebens und Handelns gewinnen wir aus dem biblischen Verständnis von Gott und dem daraus folgenden Bild vom Menschen und seiner Bestimmung. Das Proprium des christlichen Ethos kommt dadurch zum Vorschein, dass wir uns der spezifischen Beziehung zwischen Gott und den Menschen gewiss werden, die im Leben und in der Botschaft Jesu Christi sichtbar geworden ist. Denn jede christliche Ethik ist Glaubensethik.

Die entscheidende Frage ist: Wie kann der Glaube das Lebensgefühl der Menschen nachhaltig prägen und ihnen Hoffnung und Vertrauen schenken?

Die Botschaft der Bibel ist der Antrieb für die wahre und wirkliche Entwicklung eines jeden Menschen und der gesamten Menschheit. In der Dynamik der christlichen Liebe wird die Soziallehre der Kirche verständlich. Liebe lebt vom Empfangen und Schenken. Die empfundene Dankbarkeit ist der Antrieb für das soziale Handeln und sie bildet Orientierungsmaßstäbe.

Die Liebe nimmt Gestalt an in der Praxis der Gerechtigkeit und trägt dazu bei, das Gemeinwohl zu fördern. Ohne Liebe gibt es keine Gerechtigkeit.

Die Frage nach dem Menschen ist untrennbar mit der Frage nach Gott verbunden. Der christliche Glaube denkt von Gott her und zu Gott hin und ermutigt so dazu, alles menschliche Tun in Beziehung zu Gott zu setzen. Ein Leben aus der Kraft solchen Denkens kann die Welt verändern und zum Guten verwandeln.

Das christliche Gottesverständnis bestimmt das christliche Leben, den christlichen Glauben und die christliche Praxis im Alltag.

Es bedarf der Selbstvergewisserung des christlichen Glaubens, damit wir einen leitenden christlichen Sinnentwurf, ein Handlungskonzept für die Lebensführung entwickeln können.

3. Das christliche Gottesverständnis

Gott ist der Grund aller ethischen Verbindlichkeit. Denn Gott ist das höchste und umfassende Gut, nach dem alles strebt und auf das auch alles menschliche Verhalten gerichtet ist. Deshalb ist es heute mehr denn je wichtig, das spezifisch christliche Gottesbild neu ins Gespräch zu bringen, da es viele inakzeptable Gottesvorstellungen gibt, die Unduldsamkeit gegenüber den Mitmenschen erregen und ihnen gegenüber zur Anwendung von Gewalt anspornen.

Wenn manche Gottesbilder den Ursprung verbrecherischer Handlungen bilden, ist dies ein Zeichen dafür, dass diese Auffassungen sich bereits in eine gefährliche Ideologie verwandelt haben. Gegen ein solch verkürztes und ideologisiertes Gottesbild ist es von großer Bedeutung, das christliche Gottesbild in Wort und Tat glaubwürdig darzustellen.

Manche Gottesbilder, die entwicklungspsychologisch oder lebensgeschichtlich entstanden sind und weitergetragen werden, sind oft ernst zu nehmende Hindernisse, um über Gott zu reden.

Deshalb bleibt es eine ständige Aufgabe, kritisch zu überprüfen, warum und wie ein bestimmtes Gottesbild prägend wirkt oder ob das herrschende Gottesbild tatsächlich dem Gott-sein Gottes entspricht. Wir müssen Rechenschaft darüber ablegen, ob das vorhandene Gottesbild dem Gott des christlichen Glaubens entspricht. Oft hat atheistische Kritik am Gottes-glauben mit einem falsch tradierten Gottesbild zu tun.

Nach dem biblisch-christlichen Glauben gibt es nur einen einzigen Gott. Der eine und einzige Gott ist nicht etwas namenloses Absolutes. Er ist keine anonyme Macht, kein universales Gesetz, sondern Gott ist Person. Er ist der Schöpfer, Erhalter und Vollender aller Menschen.

Er ist in der Geschichte wirkmächtig gegenwärtig und handelt an den Menschen. Die Geschichtlichkeit Gottes und seine liebende Nähe zu den Menschen ist das entscheidende Kennzeichen des biblischen Glaubens.

Gott, der die Fülle des Lebens ist, befreit den Menschen zum Leben in Fülle. Der Gott des Lebens löst uns aus unseren Abhängigkeiten.

Ohne die Bindung an Gott kann der Mensch seine wahre Größe nicht erkennen und sie zur Entfaltung bringen. Im Lichte Gottes wird die letzte Bestimmung der Welt und der Menschen offenbar.

Die Beziehung zu Gott setzt den Einzelnen in eine tiefere Beziehung zum Anderen. Der Mensch steht nicht allein vor Gott, sondern er lebt in einer Gemeinschaft, auf die er angewiesen ist. Der Mensch ist einer, der unvertretbar berufen ist, und doch hat er mit vielen anderen zu tun. Jeder hat eine einzigartige und unvertretbare Bedeutung für die Anderen und somit für die Gemeinschaft. Unverwechselbare Einzigartigkeit und Gemeinschaftsbezogenheit schließen sich nicht aus, sondern haben unmittelbar miteinander zu tun.

Diese Gemeinschaftsbezogenheit des Einzelnen ist in einem universalen Kontext zu sehen. Denn der Mensch als gemeinschaftsbezogenes Wesen lebt im größeren Zusammenhang der gesamten Menschheit und der gesamten Schöpfung. Aus diesem Grund hat jeder Einzelne eine unvertretbare Verantwortung für das Wohlergehen aller Menschen.

Gottes Gerechtigkeit ist auch seine Barmherzigkeit. Dies fordert den Menschen auf, dem Anderen gerecht zu werden.

Das biblische Verständnis Gottes als Liebe zeigt uns den Beweggrund Gottes für die Schöpfung. Wie jede Liebe von ihren Gütern etwas nach außen verschenken will, so bringt die unendliche Liebe Gottes aus Freude am Schenken die Schöpfung hervor. Die Schöpfung erhält Anteil an den göttlichen Gütern wie Einheit in Vielfalt, Leben und Geist. Aus der Schöpfungsliebe Gottes erhält daher die ganze Schöpfung eine Grundverfassung der Teilhabe, eine kommunikative und zur Toleranz anspornende partizipatorische Struktur.

Diese Grundüberzeugung des christlichen Glaubens bietet ungeahnte Handlungsperspektiven nicht nur für das Wirtschaftsleben.

4. Das christliche Verständnis des Menschen

Aus christlicher Perspektive kann das Geheimnis des menschlichen Daseins in der Welt nur von Gott her angemessen gedeutet werden. Der Mensch ist Gott gegenüber ganz Empfangender, in seinem Sein wie in seinem Handeln. Die Bibel entwirft ein großartiges Bild des Menschen, wenn sie sagt: „Gott schuf den Menschen als sein Abbild; als Abbild Gottes schuf er ihn. Als Mann und Frau schuf er sie" (Gen 1,27). Da er nach dem Bild Gottes geschaffen ist, hat der Mensch die einzigartige Würde, Person zu sein.

Als Konsequenz besitzt der Mensch als Bild Gottes gewisse Ähnlichkeiten mit Gott. Er nimmt teil an der Größe Gottes. Zum Wesen des Bildseins gehört andererseits auch der Unterschied gegenüber dem Urbild. Der Mensch muss seine geschöpflichen Grenzen anerkennen und annehmen.

Zu seiner Geschöpflichkeit gehören seine begrenzte Macht und seine begrenzte Lebensdauer.

Die Grundversuchung des Menschen besteht im Verlangen, „zu sein wie Gott" (Gen 3,5). Statt der Gottabbildlichkeit will der Mensch gottgleich sein.

Die Gottabbildlichkeit des Menschen hat eine grundlegende existentielle Auswirkung für das Menschsein des Menschen und für seine Beziehung zu anderen. Als Abbild Gottes ist jeder einzelne Mensch in seiner nicht austauschbaren Eigenart und Einmaligkeit von Gott gewollt und bejaht. Das kann jedem Einzelnen eine letzte Würde und Geborgenheit geben.

Das Verständnis des Menschen als Abbild Gottes hat eminente Konsequenzen für die Beziehung der Menschen untereinander: Alle Menschen haben von Gott her die gleiche personale Würde. Somit stehen sich alle Menschen prinzipiell gleichwertig gegenüber. Deshalb gilt: Jeder Mensch hat einen nicht austauschbaren Eigenwert. Aus diesem Grund darf kein Mensch einen anderen Menschen nur als Mittel zum Zweck benutzen.

Jeder muss dem einzelnen Menschen Grundrechte und Grundfreiheiten lassen und diese auch respektieren. Aus der Tatsache, dass der Mensch das Bild seines Schöpfers widerspiegelt, ergibt sich eine „heilige Pflicht" zur

Achtung der Würde jedes Menschen. Aus dieser göttlichen Würde entspringen alle Grundrechte.

Das Abbild-Gottes-Sein verdeutlicht vor allem die besondere Berufung des Menschen. Jeder ist berufen, in seinem Leben die Gottabbildlichkeit dynamisch zu verwirklichen. Nach dem Motto „Werde, der du bist!" ist der Mensch gerufen, Gott ähnlich zu werden.

Der Mensch soll sich an seinem Urbild orientieren, sich so verhalten wie Gott: schöpferisch, fürsorgend für sich selbst und für die Mitmenschen. Wie Gott, der grenzenlos gut und vollkommen ist, so soll der Mensch nach besten Kräften das Gute und Vollkommene verwirklichen.

Der Mensch ist in dem Maße er selbst, in dem er sich den anderen Menschen gibt. Daher ist der Mensch um der Gemeinschaft und die Gemeinschaft um des Menschen willen da und beide brauchen und ergänzen einander.

Der Mensch als Person ist frei und Subjekt moralischer Verpflichtungen, und weil er Verpflichtungen hat, hat er auch Rechte und verdient allen Respekt. In seinen Entscheidungen wird der Mensch durch die Reflexion angeeigneter Werte geleitet.

Der Mensch hat die grundlegende und beständige Neigung, über sich hinauszugehen und in Beziehung zu anderen zu treten. Wenn wir uns den anderen Menschen zuwenden, stillen wir in Wirklichkeit unsere tiefsten Bedürfnisse und werden in einem umfassenden Sinn Mensch. Wir sind vom Schöpfer in der Tat für die Liebe erschaffen. Die wahre Liebe ist die Mitte und die motivierende Kraft der christlichen Botschaft: „Darum sollst du den Herrn, deinen Gott, lieben mit ganzem Herzen und ganzer Seele, mit all deinen Gedanken und all deiner Kraft" und „Du sollst deinen Nächsten lieben wie dich selbst" (Mk 12,30-31).

Ebenbild Gottes zu sein bedeutet folglich auch, in einer besonderen Beziehung der Stellvertretung zwischen Gott und den Menschen zu stehen.

Unter allen Lebewesen wird der Mensch allein von Gott persönlich angesprochen (Gen 1,28-30; 2,17). Durch sein Personsein repräsentiert der Mensch Gott als seinen Partner in der Welt, um im Auftrag Gottes die Schöpfung zu gestalten. Der Mensch trägt in Stellvertretung Gottes eine besondere Verantwortung für sich, für die anderen und für die ganze Schöpfung.

5. Die motivierende Kraft des christlichen Handelns

Dieses Gottes- und Menschenverständnis ist der eigentliche Grund für die Notwendigkeit verantwortlichen Handelns des Menschen. Der Glaube weckt moralische und spirituelle Kräfte im Einzelnen und in der Gesellschaft, indem er dazu befähigt, den Willen für die echten Ansprüche des Guten zu öffnen.

Im christlichen Ethos zeigen sich die Einstellung und die Lebenshaltung, die vom Glauben an Gott inspiriert sind. Wir lernen, was gutes und richtiges Handeln ausmacht, was uns und unser Handeln gut sein lässt und was uns zu unserer Bestimmung und zum Glück führen kann.

Die Weisungen der christlichen Botschaft bieten ethische Orientierungshilfe, um den Menschen zu einem gelungenen und sinnerfüllten Leben zu verhelfen. Durch die Weitherzigkeit und Klugheit, die durch eine spirituelle Vertiefung erwachsen, kann die christliche Botschaft mit der Moderne versöhnt werden. Die ethischen Grundprinzipien haben folglicherweise nicht nur für das private, sondern auch für das öffentliche Leben eine große

Bedeutung. Sie tragen dazu bei, die Würde der Person und das Gemeinwohl der Gesellschaft zu gewährleisten und zu fördern.

Es ist die feste Glaubensüberzeugung der Christenheit: Gott ist es, der in uns das Wollen und das Vollbringen bewirkt, über unseren so armseligen guten Willen hinaus (vgl. Phil 2,13). Aus diesem Vertrauen gewinnen wir die Kraft, über die Gemeinschaft der Christen hinaus in die Welt hinein als Träger von Friede, Versöhnung, Barmherzigkeit und Liebe zu wirken. Die Güte und die Menschenfreundlichkeit Gottes müssen immer neu in der Welt durch das christliche Handeln zum Leuchten gebracht werden.

Wie Gott den Menschen an seinem eigenen Leben teilnehmen lässt, ist der Mensch berufen, so wie Gott zu handeln und die Mitmenschen an seinem Leben teilnehmen zu lassen.

Die christliche Kultur kennzeichnet eine zweifache Grundhaltung, einerseits Großzügigkeit und Aufgeschlossenheit für alles Gute, Schöne und Wertvolle, andererseits Wachsamkeit und kritische Distanz.

Es geht um die Offenheit, dem Eigenen auch im Fremden und Anderen zu begegnen. Es gibt das Wahre und Gute, das die säkulare Kultur durch das verborgene Wirken des Geistes Gottes hervorgebracht hat. Alles, was ein wahrhaft menschliches Leben ausmacht, widerspricht nicht dem christlichen Glauben, sondern ist erfüllend, wertvoll, gut und erstrebenswert. Eine Entwicklung, die sich nur auf den technisch-wirtschaftlichen Aspekt beschränken und die ethisch-religiöse Dimension vernachlässigen würde, wäre keine ganzheitliche menschliche Entwicklung.

Aus der ethischen Perspektive des Handelns ergeben sich nicht nur Freiheit und Würde des Menschen, sondern auch seine Verantwortung für sich, seine Familie und für die Schöpfung. Die Verbindung zwischen Wirtschaft, Ethos und Liebe wird am deutlichsten erfahren, gefordert und überhaupt in ihrer Relevanz sichtbar im Leben der Familie.

Die Rechte des Menschen beinhalten notwendigerweise daher auch Pflichten. Mahatma Gandhi hat seine Meinung in sehr eindrucksvollen schönen Worten zum Ausdruck gebracht: „Der Ganges der Rechte fließt vom

Himalaja der Pflichten herab". Nur wenn über diese Grundvoraussetzung Klarheit und Konsens besteht, kann eine gut funktionierende Kultur des Handelns Gestalt annehmen.

Die motivierende Kraft der Liebe ist die Grundlage des gelingenden und glücklichen Lebens und Zusammenlebens der Menschen. Aus Liebe allein entsteht die Kraft, die zwischenmenschliche Solidarität, den Frieden und die Gerechtigkeit, die Menschenrechte sowie die Achtung vor dem Leben und dem Gut der Schöpfung zu fördern. Von diesen Grundperspektiven her kommt die Kirche zu ihrer Haltung zur Wirtschaft und zum wirtschaftlichen Handeln.

6. Was bedeutet die bevorzugte Option für die Armen?

Wenn die Kirche von der bevorzugten Option für die Armen und Benachteiligten in der Gesellschaft spricht, ist das keine Absage an die Reichen und Wohlhabenden. Sie spricht nicht primär im soziologischen, sondern im theologischen und religiösen Sinne, wie Papst Franziskus betont: „Für die Kirche ist die Option für die Armen in erster Linie eine religiöse Kategorie und erst an zweiter Stelle eine kulturelle, soziologische, politische oder philosophische Frage."[4]

Die bevorzugte Option für die Armen ist im kirchlichen Bekenntnis zur Menschwerdung Gottes in Jesus Christus begründet. Jesus Christus, der Gott ist, hat an seinem göttlichen Reichtum nicht festgehalten, sondern er ist Mensch geworden, um an der menschlichen Armut teilzuhaben und diese Armut durch seinen göttlichen Reichtum zu verwandeln. Alle Menschen sind berufen, so gesinnt zu sein wie Jesus und diese göttliche Solidarität zu leben.

Dies bedeutet konkret: Jeder Mensch ist berufen, seinen Mitmenschen teilhaben zu lassen an dem, was er anderen voraushat (vgl. Phil 2,5-11).

Von dieser zentralen Botschaft des christlichen Glaubens inspiriert hat die Kirche eine Option für die Armen gefällt, die zu verstehen ist als besonderer Vorrang in der Weise, wie die Liebe konkret gelebt wird. Die Einladung, mit den Armen und Bedürftigen solidarisch zu sein, hat nicht nur mit der Praxis der Humanität zu tun, sondern es geht hier auch um eine Begegnung mit Gott. Denn Jesus Christus identifiziert sich mit den Armen und Hilfsbedürftigen. In der Bibel sagt der Weltenrichter Christus am Ende der Zeit: Was du dem Hilfsbedürftigen getan hast, das hast du mir getan (vgl. Mt 25).

Diese Option ist ohne ein ganzheitliches Verständnis von Armut nicht zu verstehen. Armut ist in erster Linie die existenzielle Haltung des Menschen vor Gott.
Es ist die Beziehung des Menschen als Geschöpf Gottes zu seinem Schöpfer. In der Armut bekennt der Mensch in aller Demut, dass er auf seinen Schöpfer angewiesen ist.

Diese Botschaft ist zentral für die Bibel. Wenn diese Botschaft zur Sprache gebracht wird, bezieht sie sich nicht in erster Linie auf irgendeine gesellschaftliche Gruppierung oder die materielle Armut. Hier geht es um die existenzielle Angewiesenheit des Menschen auf Gott. Armut als christliches Ideal meint, sich und sein Lebensglück nicht abhängig zu machen von materiellen Dingen. Auch der Reiche kann vor Gott arm sein, wie sich der Arme durch seine Abhängigkeit von dem Wunsch nach materiellem Reichtum den Weg zu Gott verbauen kann. Hier geht es um eine Grundeinstellung, die für jeden Menschen, ob arm oder reich, eine lebenslange Herausforderung darstellt.

Die christliche Option für die Armen betrifft alle Menschen, ob arm oder reich. Es ist eine Option für eine Gesellschaft, die versucht, die Gerechtigkeit in bestmöglicher Form zu verwirklichen.
Denn Gerechtigkeit ist das Minimum, das der Mensch anderen Menschen schuldet. Die Praxis der Gerechtigkeit garantiert auch sozialen Frieden. In dieser Option geht es um die Würde des einzelnen Menschen und um unsere

gemeinsame Verantwortung für die Gestaltung einer humanen und gerechten Gesellschaft, in der Freiheit und Frieden erfahrbare Wirklichkeiten sind. Es geht um die christliche und menschliche Verantwortung, leidenschaftlich gegen Armut, Elend, Krankheit und Unterdrückung anzukämpfen.

Diese bevorzugte Option für die Armen bedeutet nicht, eine gesellschaftliche oder soziale Gruppe gegen eine andere auszuspielen, sondern die Gemeinschaft zu stärken, indem den Schutzlosesten geholfen wird. Es geht darum, gemeinsam alle Anstrengungen zu machen, die Armut zu beseitigen. Die Grundbedürfnisse der Armen müssen höchste Priorität haben. Alle wirtschaftspolitischen Maßnahmen müssen im Hinblick auf ihre Auswirkungen auf die Armen bewertet werden.

Die bevorzugte Option für die Armen ist für die Kirche eine Option für den Menschen und für seine von Gott gegebene Würde. Es geht um die ganzheitliche Entfaltung und Entwicklung aller Menschen. Papst Franziskus stellt eindeutig fest, was diese Option für die Armen aus christlicher Perspektive tatsächlich bedeutet: „Unser Einsatz besteht nicht ausschließlich in Taten oder in Förderungs- und Hilfsprogrammen. Was der Heilige Geist in Gang setzt, ist nicht ein übertriebener Aktivismus, sondern vor allem eine aufmerksame Zuwendung zum anderen, indem man diesen ‚als eines Wesens mit sich selbst betrachtet'. Diese liebevolle Zuwendung ist der Anfang einer wahren Sorge um seine Person, und von dieser Basis aus bemühe ich mich dann wirklich um sein Wohl. Das schließt ein, den Armen in seinem besonderen Wert zu schätzen, mit seiner Wesensart, mit seiner Kultur und mit seiner Art, den Glauben zu leben. Die echte Liebe ist immer kontemplativ, sie erlaubt uns, dem anderen nicht aus Not oder aus Eitelkeit zu dienen, sondern weil es schön ist, jenseits des Scheins.

‚Auf die Liebe, durch die einem der andere Mensch angenehm ist, ist es zurückzuführen, dass man ihm unentgeltlich etwas gibt.' Der Arme wird, wenn er geliebt wird, ‚hochgeschätzt', und das unterscheidet die authentische Option für die Armen von jeder Ideologie, von jeglicher Absicht, die Armen zugunsten persönlicher oder politischer Interessen zu gebrauchen."[5]

Weiter schreibt Papst Franziskus, „dass die schlimmste Diskriminierung, unter der die Armen leiden, der Mangel an geistlicher Zuwendung ist. Die riesige Mehrheit der Armen ist besonders offen für den Glauben; sie brauchen Gott, und wir dürfen es nicht unterlassen, ihnen seine Freundschaft, seinen Segen, sein Wort, die Feier der Sakramente anzubieten und ihnen einen Weg des Wachstums und der Reifung im Glauben aufzuzeigen.
Die bevorzugte Option für die Armen muss sich hauptsächlich in einer außerordentlichen und vorrangigen religiösen Zuwendung zeigen."[6]

Die bevorzugte Option für die Armen ist eine Ermutigung zur Praxis der Barmherzigkeit im Alltag. Eine Praxis der Barmherzigkeit in allen Bereichen des Lebens kann eine menschenfreundlichere und lebensdienlichere Atmosphäre schaffen.

Wenn die Kirche von ihrem ureigenen Auftrag her die bevorzugte Option für die Armen, Unterdrückten und Schwachen in der Gesellschaft bekundet, darf dies nicht automatisch als Kritik an Unternehmern verstanden

werden. Das Anliegen der Kirche will sich so verstanden wissen: Die Privilegierten in der Gesellschaft sollen sich ihrer ureigenen Verantwortung bewusst sein, dass sie sich für die nachhaltige soziale Entwicklung der Armen und Unterpriviligierten engagieren müssen.
Aus der Dankbarkeit für die Möglichkeit des Geben-Könnens muss der Handlungstrieb erwachsen.

Es ist eine ethische Pflicht aller Menschen, gegen ein ausbeuterisches Wirtschaftssystem, das von welcher Ideologie auch immer geprägt ist, ihre Stimme zu erheben. Die Suche nach einer gerechten und solidarischen Welt gründet nicht auf Träumerei und Illusion. Es ist keine Luxusfrage, sondern eine gesellschaftliche Notwendigkeit, um eine künftige Niederlage der Menschheit durch soziale Unruhen und Revolution zu vermeiden. Denn eine Welt ohne die Praxis der Gerechtigkeit und Solidarität wird langfristig ihre eigene Lebensgrundlage zunichtemachen.

Jeder Mensch ist verpflichtet, Armut in ihren vielfältigen Gestalten zu bekämpfen.

Nicht nur in den wirtschaftlich ärmeren Ländern, sondern auch in den sozialen Randgebieten der materiell reicheren Länder befinden sich viele Menschen, die unter Armut, fehlender Zufriedenheit im Leben oder der Last der Verlassenheit leiden.

Angesichts der Gleichgültigkeit ihnen gegenüber sind wir aus humanitären Gründen und einer christlichen Grundhaltung heraus verpflichtet, auf die Not der Bedürftigen hinzuweisen und alles Menschenmögliche zu tun, um diese Not zu mindern.

Es gibt nicht nur materielle Armut, die wir beseitigen müssen, sondern auch vielerlei Formen der Armut bei den vermeintlich Reichen und Wohlhabenden. Es gibt eine geistliche Armut durch die Sinnentleerung im Leben, die dem Menschen die ganze Lebensfreude rauben kann. Es gilt, unsere Aufmerksamkeit hierfür zu sensibilisieren.

Wenn die Kirche ihre bevorzugte Option für die Armen betont, muss sie alles daran setzen, die geistig-geistliche Qualität dieses Anliegens deutlicher zu kommunizieren, damit dieses nicht in eine Ideologie des Neides verkehrt wird. Eine große Neiddebatte stiftet nur Missgunst und soziale Unruhe. Schon die Erzählung von Kain und Abel am Anfang der Bibel verdeutlicht, welche Grausamkeiten Neid hervorbringen kann (Gen 4,1-16).

Neid hat in dieser Welt von Anfang an viele Gräueltaten verursacht. Neid kann auch gesellschaftliche Revolutionen und Unruhe anzetteln. In einem Klima des Neides ist kein gesundes Wirtschaftswachstum möglich. Wie können wir dieser Neiddiskussion aus einer religiösen Sicht entgegenwirken?

7. Wirtschaftliche Freiheit als Vermögen, Gutes zu tun

Es ist eine Alltagserfahrung und eine bleibende Versuchung bei den allermeisten Menschen, mit der Macht des Geldes zu herrschen und Menschen in unterschiedlicher Weise abhängig zu machen und für die eigenen Zwecke zu manipulieren. Vor diesem Hintergrund gilt es, zu bedenken: Es ist grundsätzlich gut, über Vermögen oder Besitz zu verfügen. Geld und Vermögen sind für die Menschen da. Es ist nur die Frage, wie ich die mir durch Geld und Vermögen gegebene Macht einsetze. Wenn ich mein Vermögen zur ganzheitlichen Entfaltung anderer Menschen einsetzen kann, ist dies das größte Privileg und die größte Freiheit, die ein Mensch in dieser Welt genießen kann. Denn Schenken ist seeliger als Nehmen. Hier geht es auch um die innere Freiheit, mich nicht von Geld und Besitz abhängig zu machen, sondern souverän über meinen Besitz zu verfügen und ihn mit innerer Freiheit und Gelassenheit einsetzen zu können.

In allem geht es um die richtige Einstellung zu Geld und Vermögen. Man kann zum Sklaven des Geldes und dadurch innerlich unfrei werden.

Mit Geld kann man zocken, man kann es aber auch sinnvoll einsetzen, um etwas Gutes und Nützliches für die Menschen und die Umwelt voranzubringen. Die uralte Tugend des Maßhaltens im Umgang mit Besitz kann uns hierzu inspirieren und ermutigen.

Nach christlichem Verständnis sind Besitz und Reichtum als solche notwendig, um das Leben in dieser Welt dem Schöpfungsauftrag Gottes entsprechend zu gestalten. Entsprechend verpflichtet Besitz dazu, ihn gestalterisch und kreativ im Interesse des Gemeinwohls einzusetzen. Ungerechte wirtschaftliche Strukturen rufen eine große Ungleichheit zwischen den Menschen hervor.

Deshalb sind sie letztlich gegen die schöpfungsmäßig gegebene Würde des Menschen.

Es gehört grundlegend zur Menschenwürde, möglichst selbst durch seine Arbeit für seinen Lebensunterhalt und für seine Familie sorgen zu können.

Es ist von großer Bedeutung für den Frieden in der Gesellschaft und die Förderung der Menschenwürde, dass die Unternehmer Arbeitsplätze schaffen.

Durch die Schaffung der Arbeit hilft der Unternehmer der persönlichen Entfaltung der Person und den Familien. Denn Erwerbslosigkeit ist ein großes Übel und Arbeit ist die größte Auszeichnung für die Würde des Menschen. Die Welt der Wirtschaft ist besonders herausgefordert, die Verbindung von Arbeit und Würde des Menschen im Blick zu haben. Deshalb soll es jeder Unternehmer als ein Privileg begreifen, dass er in der Lage ist, anderen Arbeit zu geben. Jeder, der Arbeit gibt, sorgt sich um den Anderen und ermöglicht es ihm, seine schöpferische Kraft zu entwickeln. Dieser Einsatz von Unternehmern muss von der Kirche wertgeschätzt werden.

Ein kritischer Punkt in der Arbeitswelt ist die bessere Vereinbarung von Beruf und Familie. An der Förderung der Familie können wir die menschliche Qualität des Wirtschaftssystems ermessen und bewerten. Die Wirtschaft muss sich kritisch fragen, ob sie genügend für die Familienförderung tut oder ob es Möglichkeiten zur Verbesserung gibt. Die Zukunftssorge kann eine große persönliche und familiäre Belastung sein. Jeder, der dazu beiträgt, diese Zukunftssorge zu minimieren, trägt zur Würde des Menschen bei.

Es ist ein Privileg, die eigene wirtschaftliche Freiheit zu nutzen, um die Welt zum Besseren zu verwandeln. Die Tatsache, dass die Unternehmer als Eigentümer unter großem Einsatz Werte schaffen und Steuern zahlen, ist schon ein anerkennenswerter Beitrag zum Gemeinwohl. Keine Stadt und kein Sozialsystem kann funktionieren ohne die Wertschöpfung durch die Wirtschaft.

8. Ermutigung zum erfolgreichen Wirtschaften

Erfolgreiches Wirtschaften und ethisches Handeln bilden keine Gegensätze, sondern sind miteinander vereinbar und die ethischen Überzeugungen bieten neuen Antrieb zu nachhaltigem und lebensdienlichem Wirtschaften. Von ethischen Überzeugungen und ethischen Werten getragenes wirtschaftliches Handeln kann Menschen von innen her motivieren und damit Erfolg bringen. Von ethischen Grundlagen getragenes wirtschaftliches Handeln fördert die Humanität und vermehrt das Glück aller Beteiligten. Es kann der ganzheitlichen Entwicklung der Menschheit dienen und Vorbildcharakter für andere haben. „Die Tätigkeit eines Unternehmers ist eine edle Arbeit, vorausgesetzt, dass er sich von einer umfassenderen Bedeutung des Lebens hinterfragen lässt; das ermöglicht es ihm, mit seinem Bemühen, die Güter dieser Welt zu mehren und für alle zugänglicher zu machen, wirklich dem Gemeinwohl zu dienen."[7]

Die Komplexität des heutigen globalisierten Wirtschaftssystems verlangt von den Unternehmern öfters Kompromisse und von Außenstehenden oft nicht nachvollziehbare Entscheidungen. Vor allem in wirtschaftlichen Krisensituationen müssen die Unternehmer manchmal harte Maßnahmen ergreifen, um eine langfristige und nachhaltige Entwicklung des Unternehmens zu sichern. Manchmal müssen Arbeitsplätze notgedrungen abgebaut werden, um langfristig Arbeitsplätze zu sichern. In solchen schwierigen Situationen kann ein sensibler Unternehmer, der um das Wohl der Mitarbeiter besorgt ist, in große Gewissensnot geraten. Hier braucht ein Unternehmer nicht Verurteilungen, sondern Verständnis, Solidarität und Unterstützung, damit er zu sozialverträglichen Lösungen kommen kann. Er braucht Ermutigung, auch in solch schwierigen Situationen nachhaltig und wertorientiert zu handeln.

Es ist selbstverständlich: Eine funktionierende Wirtschaft ist für die Menschen lebensnotwendig.

Die gute Funktionsfähigkeit der Wirtschaft zu erhalten ist von zentraler Bedeutung für das Gemeinwohl. Alle Instrumente des Wirtschaftens wie Kapital, Produktion, Gewinn, Geld, Steuer usw. müssen von höheren Werten des menschlichen Lebens wie Gerechtigkeit, Humanität und Solidarität getragen werden. Das Ziel des Wirtschaftslebens kann in erster Linie nicht reine Gewinnmaximierung sein, sondern eine Förderung des Gemeinwohls und eine Befriedigung der lebensnotwendigen Bedürfnisse des Einzelnen und der Familien.

Natürlich muss das Wirtschaften Profit erzeugen. Aber nicht die übermäßige Profitmaximierung sollte im Mittelpunkt stehen, sondern die Förderung der Humanität. Wenn die menschliche Entwicklung wirklich gefördert wird, setzt dies bei den Menschen Energie frei. Sie sind motiviert, loyal und engagiert. Profit und menschliche Entwicklung stehen letztlich in Korrelation zueinander. Wenn die Mitarbeiter motiviert sind, ist in der Regel auch ein größerer Profit zu erwarten.

Die Wirtschaft hat ihre komplexe Eigengesetzlichkeit. Es ist von großer Bedeutung, diese Eigengesetzlichkeit auch in der Perspektive des Glaubens ernst zu nehmen, einerseits jede Vereinfachung zu vermeiden und andererseits durch ethisch orientierte Ordnungsprinzipien Maßstäbe zu setzen. Was können wir auf der Grundlage des christlichen Glaubens tun, um alle Beteiligten für ein gerechteres Wirtschaftssystem zu sensibilisieren und zu einem Handeln zu motivieren, das alle am wirtschaftlichen Erfolg teilhaben lässt? Selbstverständlich müssen wir sehen, dass die Kirche und die kirchlichen Mitarbeiter aus unterschiedlichen Gründen heute keinen großen Einfluss auf das Wirtschaftssystem haben. Denn viele wirtschaftlich aktive Menschen sind der Kirche entfremdet. Deshalb muss die Kirche, um ihrer Botschaft Gehör zu verschaffen und um ihre Ziele zu erreichen, mit allen Menschen guten Willens partnerschaftlich kooperieren, sie begleiten und seelsorglich unterstützen. Hier geht es nicht um die abstrakte Kirche als solche, sondern um jeden einzelnen Repräsentanten der Kirche.

Es geht darum, Wege zu suchen, wie wir als Kirche einladender wirken können, mehr fokussiert auf die grundsätzlichen Fragen des Lebens, um alle Menschen für die Botschaft Jesu zu begeistern. Aus dieser Begeisterung sollen sie für die Gestaltung des Gemeinwohls ihre Kräfte einsetzen. Ihren Fokus muss die Kirche dabei besonders auf jene legen, die sich von der Botschaft Jesu und der Kirche aus unterschiedlichen Gründen entfernt haben und ihr entfremdet sind. Wenn es der Kirche nicht gelingt, diese weit verbreitete Entfremdung der Menschen, besonders der in der Wirtschaft aktiv tätigen, zu überwinden, wird ihre Stimme nicht positiv wahrgenommen. Nur die Vermögenden vermögen es, den Armen zu helfen. Deshalb ist es so wichtig, durch unsere Botschaft den inneren Antrieb der Vermögenden zu wecken, dass sie selbst für die Armen tätig werden. Wenn sie ein gesundes und gerechtes Wirtschaftssystem aufbauen, hilft das sowohl den Armen als auch den Wohlhabenden.

Das bleibende und eigentliche Anliegen der Kirche ist es, die Menschen daran zu erinnern, dass alle Menschen von ihrem Menschsein her verpflichtet sind, dazu beizutragen, ein gutes und gerechtes Wirtschaftssystem zu entwickeln. Das Wirtschaftssystem ist gut und lebensdienlich, wenn der Mensch im Zentrum des Wirtschaftens steht. Der wirtschaftliche Fortschritt muss zur ganzheitlichen Entwicklung der Menschen beitragen. Die Wirtschaft muss im Dienst der Menschen sein.

Es gibt viele Unternehmer, Manager und Wirtschaftslenker, die mit großer Sensibilität ihr Wirken nach ihrer ethischen und moralischen Überzeugung ausrichten. Den guten Willen und die Hochherzigkeit dieser Menschen gilt es hoch zu schätzen. Man darf auch nicht vergessen, dass viele Unternehmer hart arbeiten müssen, um das Unternehmen gut zu führen. Hinter Wohlstand und Reichtum stecken viel Arbeit und Mühe, Sorgen um das Wohl der Mitarbeiter und deren Familien und die Nachhaltigkeit des Unternehmens.

Eine nachhaltige Entwicklung und Entfaltung der Menschen in der Gesellschaft sollte das leitende Kriterium für das Wirtschaften sein. Der Kirche geht es darum, dieses Anliegen in der Gesellschaft lebendig zu halten. Wir müssen zugeben, dass es uns oft nicht gelingt, dieses Anliegen ausreichend zu kommunizieren. Deshalb ist es eine selbstverständliche Anfrage an uns alle: Wie gelingt es uns als Repräsentanten der Kirche, uns von jederlei Ideologien zu befreien, um die Botschaft der Kirche in Fragen der Wirtschaft authentischer und glaubwürdiger zu vermitteln?

Kirche und Wirtschaft möchten beide dem Wohl der Menschen dienen. Während sich die Wirtschaft mehr auf die materielle Grundlage des Lebens fokussiert, bringt die Kirche von ihrem Auftrag her eine zusätzliche geistig-geistliche Dimension des Lebens ein. Die Wirtschaft konzentriert sich auf das Leben dieser Welt, die Kirche betrachtet das Leben dieser Welt im Lichte Gottes. Die Kirche macht auf negative Entwicklungen in der Wirtschaft aufmerksam und appelliert an das Gewissen der Verantwortlichen, ohne konkrete Lösungen für die wirtschaftspolitischen Fragen vorzuschlagen. Denn sie respektiert die Sachkompetenz der in der Wirtschaft Aktiven und die Verantwortung aller Verantwortlichen.

Es gilt zu fragen: Was können wir, um neue Kräfte zu finden, mehr für die persönliche Entfaltung und die gesellschaftliche Entwicklung, tun? Es wird immer eine bleibende Herausforderung sein, das richtige Maß zu finden und einen Weg zu suchen zwischen den Zwängen der Wirtschaft und der Praxis der Gerechtigkeit in unserer Welt.

Der christliche Glaube und die Kirche als Trägerin dieses Glaubens kann nicht anders, als Anwältin zu sein für ein humanes und der Gesellschaft dienendes Wirtschaften. Denn die Kirche muss von ihrem Auftrag her das Gute, Schöne und Wahre überall anerkennen, alles dem Menschen Dienende und das Leben Ermöglichende fördern und schätzen.

Sie handelt in der Nachfolge Jesu Christi, wenn sie das wahre Leben ermöglicht und den Menschen den Weg dorthin zeigt. Denn Jesus sagt uns: „Ich bin gekommen, dass sie das Leben haben und es in Fülle haben" (Joh 10,10).

Anmerkungen

1. Seit Papst Leo XIII. 1891 ‚Rerum Novarum' veröffentlichte, die als Mutter aller Sozialenzykliken bezeichnet wird, gab es zahlreiche soziale Stellungnahmen der Kirche, zuletzt von Benedikt XVI. die Enzyklika ‚Caritas in Veritate', 2009.

2. Zur gegenwärtigen Diskussion über Werte und Wertewandel vgl. B.-H. Hennerkes/G. Augustin (Hg.), Wertewandel mitgestalten, Freiburg i. Br. 2012.

3. Vgl. die vielfältigen Beiträge in G. Augustin/H. Köhler (Hg.), Glaube und Kultur (Theologie im Dialog 11), Freiburg i. Br. 2014.

4. Papst Franziskus, Apostolisches Schreiben Evangelii Gaudium, 2013, Nr. 198.

5. Ebd., Nr. 199.

6. Ebd., Nr. 200.

7. Ebd., Nr. 203.

Zum Autor

Professor Pater Dr. George Augustin SAC stammt aus Palai (Kerala / Indien). Nach dem Studium der Theologie, Philosophie und Biologie in Nagpur trat er 1978 in die Ordensgemeinschaft der Pallottiner ein und wurde 1981 zum Priester geweiht. Es folgten Jahre in der Missionsarbeit in Nordindien. Parallel setzte George Augustin sein Philosophie- und Theologiestudium fort, das er 1984 mit dem Magister of Arts an der Universität Ranchi abschloss. 1992 wurde er an der Universität Tübingen unter Walter Kasper promoviert. Seit 1994 ist er im Bistum Rottenburg-Stuttgart als Priesterseelsorger tätig. Nach seiner Habilitation 2003 an der Philosophisch-Theologischen Hochschule Vallendar wurde er dort 2004 zum Professor für Fundamentaltheologie und Dogmatik ernannt. 2005 gründete er das »Kardinal Walter Kasper Institut für Theologie, Ökumene und Spiritualität« in Vallendar, das er seitdem als Direktor leitet. 2008 wurde George Augustin als Konsultor in den Päpstlichen Rat zur Förderung der Einheit der Christen berufen.

Veröffentlichungen

George Augustin, „Gott eint – trennt Christus?" Die Einmaligkeit und Universalität Jesu Christi als Grundlage einer christlichen Theologie der Religionen (Konfessionskundliche und kontroverstheologische Studien 59), Paderborn 1993.

–, Zur Freude berufen. Ermutigungen zum Priestersein, Freiburg i. Br. 2010.

–, Aufbruch in der Kirche mit Papst Franziskus. Ermutigungen aus dem Apostolischen Schreiben „Die Freude des Evangeliums", Stuttgart 2015.

George Augustin / Johannes Kreidler (Hg.), Barmherzigkeit verkünden. Predigtimpulse – Gottesdienstmodelle – Meditationen, Stuttgart 2016.

George Augustin (Hg.), Barmherzigkeit leben. Eine Neuentdeckung der christlichen Berufung, Freiburg i. Br. 2016.

George Augustin / Markus Schulze (Hg.), Freude an Gott. Auf dem Weg zu einem lebendigen Glauben. Festschrift für Kurt Kardinal Koch zum 65. Geburtstag, 2 Bände, Freiburg i. Br. 2015.

George Augustin / Rainer Kirchdörfer (Hg.), Familie. Auslaufmodell oder Garant unserer Zukunft? Für Brun-Hagen Hennerkes, Freiburg i. Br. 2014.

George Augustin / Sonja Sailer-Pfister / Klaus Vellguth (Hg.), Christentum im Dialog. Perspektiven christlicher Identität in einer pluralen Gesellschaft. Für Günter Riße (ThiD 12), Freiburg i. Br. 2014.

George Augustin / Klaus Krämer / Markus Schulze (Hg.), Mein Herr und mein Gott. Christus bekennen und verkünden. Festschrift für Walter Kardinal Kasper zum 80. Geburtstag, Freiburg i. Br. 2013.

George Augustin / Brun-Hagen Hennerkes (Hg.), Wertewandel mitgestalten. Gut handeln in Gesellschaft und Wirtschaft, Freiburg i. Br. 2012.

George Augustin / Kurt Kardinal Koch (Hg.), Liturgie als Mitte des christlichen Lebens (ThiD 7), Freiburg i. Br. 2012.

George Augustin / Klaus Krämer (Hg.), Mission als Herausforderung. Impulse zur Neuevangelisierung (ThiD 6), Freiburg i. Br. 2011.